www.ingramcontent.com/pod-product-compliance
Lightning Source LLC
Chambersburg PA
CBHW081156070526
44583CB00021B/2873
* 9 7 8 1 9 8 9 3 8 7 6 7 2 *